AF295451

FSC
www.fsc.org
MIX
Paperi vastuul -
lisista lähteistä
Paper from
responsible sources
FSC® C105338

Rakkaussinkku

Kustantaja:
BoD · Books on Demand,
Mannerheimintie 12 B, 00100 Helsinki,
bod@bod.fi

Kirjapaino:
Libri Plureos GmbH, Friedensallee
273, 22763 Hampuri, Saksa

ISBN: 978-952-80-9460-9

Piste

Kun tarinat loppuu,
kaikkoan minäkin.
En lähde kesken
viimeisen säkeen.
En jää kesken.
Kun olen tehtävä
hoidettavana.
Lähden vasta pisteen
jälkeen.

Roihu

Anomus

Unelmieni mies,
ritari jylhien erämaiden,
visusti piiloutuneena linnassaan.
Hän sitova minua
neitoselle kujertavilla soinnuillaan.
Hän laulaa rauhattomuuteen
harmoniaa,
elämänmeluun hiljaisuutta.
Kiireen pois.

Kurkistan linnan ikkunasta salaa.
Minä yksin jäänyt,
niin yksin tässä maailmassa.
Kunpa minut veisi
hänen uljaat mustat ratsunsa.
Tahtoisin laulaa hänen mukanaan,
mutta vaatimattomat sanani eivät
kanna.
Olenhan vain torpan piika.
Vielä joskus ritarilleni
riittävän heikko ja pelastettava.
Mukaan kannettava.

Muurin raosta tunnistan tuoksusi,
näen lempeät silmäsi.
Minäkö nyt, aikakauteni
vanki.
Oi, kartanon suuruutta! Kuinka
linna huokuu valoa,
havumetsä raikaa ja
kuinka puissa suhisee
salaperäisyyden taikaa.

Oi, silmäsi niin kovin
maailman kylmettämät,
kuin hukkumassa vallihaudan
jäätyvään virtaan.
Elämän lohikäärmeet syövät sinua,
kun piika kutittelee mielelläsi.
Piika nouseva vallihaudan virrassa,
lämmittävä vedet,
pehmentävä katseesi.

Sinä olet tietävä,
sydämessä tunteva.
Sinä, tuskan turtama,
mutta kiirastulesta nouseva

ritari.
Katsellessani sinua,
olen minäkin köyhä piikatyttö
metsänsiimeksessä nouseva.

Et ole kiistävä minua,
eikä miekkasi enää suojele.
Rakkauden tähden
et olla voi ylhäisempi
kuin piika nokinen.
Jo ehdit intohimosi
pilviin piirtää ja
aurinkoon maalata.
Ei rakkautesi tunne rajoja.

Ystävä

Sielujen side ei katkea.
Kemia vetää puoleensa.
Välimatka lähentää.
Välillämme on anteeksianto
ja tunnustus,
että toinenkin on,
mitään vaatimatta.
Tarve ei huuda toista luokseen
palvelemaan.

Käytöksessäsi on epäitsekkyys ja
lempeys.
Aina sinä puolustat minua
vierellesi jäämään.
Sinä kutsut luoksesi ja muistutat,
että voin tulla uudestaan.
Sinä olet paikka,
jonne voin palata.

Meillä ei ole yhteistä kieltä,
mutta molemmilla on

omanlaisensa sanojen maailma.
Rakkauden vertauskuvia,
joissa aistit puhuu.
Voin lukea sinun katsetta.

Kohtaamisesta muisto jää
sisimpään myllertämään
ikävää, haikeutta ja toiveita.
Ohikulkiessa
silmistäsi luen lauseet.
Milloin nähdään taas
ja ollaan yhteistä juhlaa.
Sinä olet niin hyvä täällä.
Enkelini maan päällä.

Vallasta vapaa

Voit sanoittaa toisen persoonaa
omaan tulkintaan.
Voit sanallistaa toisen vallan alle
hallintaan.
Kun et kohtaa kasvotusten,
voit kuvitella toiselle merkityksiä.
Mielivaltaisesti voit kasvotonta
kuvittaa.
Voit vangita haavekuvan,
mutta sanojesi mieli ei ole
toisen mieli.

Kun kuljet tasavertaisesti
rinnalla,
toinen ei ole koskaan kaikki,
ei ehkä mitään siitä,
mitä voit kuvitella.
Ei ehkä mitään siitä,
miten muut hänet sanoittavat.
Toinen ihminen on aina
enemmän kuin mitä
kukaan voi kuvitella.

Rakkaus astuu toista kohti,
eikä ota haltuun.
Rakkaus liittoutuu,
mutta ei hallitse.
Rakkaus kulkee rinnalla ja
on vallasta vapaa.
Rakkaus ei ole vartija,
joka etsii vankia.

Jää

Koet turvaa, kun tiedät
kylän kosijoiden olevan muualla.
Voit minulle puhua
rauhassa.

Toivon, että jäät,
vaikka mielellesi on levotonta
kulkua kaikki tää,
paljaus ja epävarmuus.
Kun et luota itseesi,
että riittäisit.

Vielä on epätoivo ja rauhattomuus.
Hätä ja jää. Entä jos jäät.
Haihtuisiko sinun mylläkkäsi ja
minun levottomuuteni,
saapuisiko rauha.
Ei olisi aikaa odottavan.

Vai oletko juuri sinä sieluni hälinä ja
tasapainottomuus.
Sen tietää vain aika.

Kohtaaminen on uusi mahdollisuus,
uusi tie.
Älä anna periksi,
ettei hätä jää.
Välillämme on elämää,
vetovoimaa ja kipinää.
Näkymätön käsi,
joka pitää kiinni.

Oikea

Hän, josta kirjoittaa runoja,
ei ole oikea.
Hän on vain romantiikkaa ja
erotiikkaa, kuvaelma ja
saavuttamaton unelma.
Välissä on kirjoitettuja sanoja ja
sanomatonta,
täyttymättömiä toiveita ja
jakamatonta kaipuuta,
etsiviä löytämättä toista ja
kulkevan katsetta kohtaamatta.

Oikea on vieressä ja läsnä.
Oikea on kuin käsi kädessä,
vaikka ei koskettaisi.
Oikea on katse perään,
ettei kadottaisi.

Armaalleni

Hellyytesi Sun
elämän helminauhaa koristaa.
Parasta joulurauhaa.

Kauneutta sielusi lauluissa
kahden kanssasi tahdon somistaa.
Riemun ja onnen pauhuissa
matkata rinta rinnan
kohti avaraa maailmaa,

jonka turvallisessa huomassa
aivan sinun vierelläsi
on hyvä olla.

Vanha nuorena

Meidän yhteinen matka ei ole
vuosikausien etäisyys
eikä elinikäinen ikärikkoja.
Sinä saat palan nuoruutta,
kun muut ovat eläkeläisten kerhossa.
Saan palan vanhuutta,
vaikka en eläisi pitkään.

Emme ole toisillemme
iän määrittämiä siivuja
vaan kokonaisia
elämän eriaikaisilla täytteillä.
Emme ole läpileikkaus
elämänkaareen,
vaan yhdessä olemme
elämä kaarella.

Meidän yhteinen matka on
keveyttä,
kun on pakko jaksaa
ajanrikko, suunnitelman muutos ja

odottamatonta aikaa,
jota ei yksin tahdo kulkea.

Unelma

Ikävöin niin,
että kehossa tuntuu.
Tuntuuko ikäväni siellä,
metsien ja valtatien takana.

Unelmaan mahtuu monta maailmaa.
Vaikka halusitkin vain siivoojan,
jota rakastella.

Unelma on lämmin koti, jossa
sopu sijaa antaa ja
köyhät viihdyttävät ilman rahaa.

Eikä sitä rauhaa voi
rikkoa katu.

Halukkaat

Halukkaat ei marssi kaduilla,
ei liputa eikä julista.
Kodeissaan he maleksii
aataminasuissaan ja pukeutuu,
jos on käytävä kaupassa.
Heidät tunnetaan juoruissa tai
tabuna vaietaan.
Monenko kanssa yhdeskoos,
siitä ei puhuta.
Muiden silmissä he pettävät ja
ovat kevytkenkäisiä,
epäluotettavia suvunjatkajia,
huonoja äitejä ja isiä.
Aivan liian halukkaita.

Miten sellainen maksaa veroja
tai hoitaa lapsensa,
jos on aina rakastelemassa.
Voiko sellaisia kotiinsa kutsua
vai kuvitellaanko meidänkin
seksijuhlivan.
Eihän haluta liikaa,

vain kohtuudella,
ettei kylillä puhuta.
Mekin halutaan, mutta
ei siitä muille kerrota.

Vaiennut puhelin

Täyden sylin rakkautta antaisin.
Sinä katsot puhelinta.
Sinut pimeällä kotiin saattaisin.
Sinä katsot puhelinta.
Sinulle kertoisin kuulumiseni,
mutta en saa puheenvuoroa.

Sinä kerrot, että vanhassa
puhelimessasi on viestejäni,
jotta voit näyttää niitä muille
kuin naistenmies,
jolla on paljon naisia.
Naisten viestit puhelimessa
todistavat.

Kun kirjoitetut merkit on
ihmistä suurempia,
et voi kohdata minua.
Minä poistun paikalta
syli täynnä rakkautta ja
sinun vanha puhelimesi on
edelleenkin rikki.

Mikään piuha ei enää
yhdistä sinua syliin täynnä rakkautta,
mutta kunpa olisit insinööri,
joka keksisi,
miten saa vanhat viestit
vaienneesta puhelimesta esiin.
Sinä tuijotat puhelinta ja
haaveilet naisista,
etkä huomaa ohikulkevaa
naista hameessaan.

Pakit

Sohaisen sieluani,
kun joudun tuottamaan pettymyksiä
ja satuttamaan.
Jättämään odotukseen
yritykset sinnikkäät
vaille matkaa ja päätepysäkkiä.

Olen silmänä, korvana, lähellä,
tukena, turvana ja vertainen,
kun olen vaiti.
Hän ei kiinnitä huomiota,
miten sanon ja mitä jätän sanomatta.

Jää odottamaan, jos
seuraavalla kerralla saisi mukaan tai
jos seuraavalla kerralla antaisi
muutakin kuin katseen,
ehkä vihdoinkin kosketuksen.

Hymyilen nätisti heidän
ponnistelunsa turhiksi,
kun olen jo muualla enkä ole

huolimassa ketään mukaani tietäen,
etten tule olemaan hänelle kukaan.
Ettei unelman ja toivon
murentuminen olisi minun hahmoni,
en lupaa mitään.

Ikioma

Katsoen, koskettaen ja kohdaten
et voi tietää,
mitä on meneillään,
millainen on elämäni,
jota rakastan enemmän kuin
ketään yhtä.

Et voi tietää kuinka lohdutonta
eloni on jokaiselle sydämen vartijalle.
Älä tule.
Niin parhaiten itsesi suojaat.
Sillä en voisi sanoa, että olisin
vain sinun.
Koska olen jo minun, minun,
minun omani.

Tuskin olen mitään
erityisempää kuin tähdenlento
monille muille.
Olen oma luontoni,
saavuttamaton,

tarttumaton.
Kuin villi alasti
viidakossa.

Lempiväiset

Rakkaani,
sukella turvalliseen
kainalooni.
Olen kylpyammeesi
pehmeä ja lämmin vesi.

Sulkien sinut sisääni,
et enää saa henkeä.
Sinä hukut
tuoksuusi lempeään.

Minä otan sinusta
irti kaiken
humalluttavan.
Huumassani pyöritän
sinua syvemmälle
myrskyisissä aalloissa
korallien kaunistamaan.

Yhteinen aika
on särkenyt pelastusveneesi.

Olen vesi,
sinä olet maa,
jonka aallot alleen
hukuttaa.

Rakas

Voisimmepa pysähtyä
aikaan eikä elämä veisi.
Jäisimme aurinkoisen
taivaan alla purjehtimaan.
Eikä talvi mertamme jäädyttäisi
odottamaan meille kesää.
Taivaan tyynet pilvet
pitäisivät meistä kiinni
laivueidemme lipumatta
eri suuntiin.
Yhteistä ruoria ohjaisimme.

Pitäisi niin paljon jättää
muuta huomiotamme vaille,
niin olisi meillä toisemme.
Olen sinun oikeus ja sinä
olet minun puolustus.
Miksi käännämme katseemme
hyvästämme sivuun,
kun kuitenkin kohtaamme
hyökkäystä ja uhoa,
unohtavat meidät ihmiset,

jotka eivät halaa, eivät välitä ja
tarjoavat vain tuhoa,
rakkaudellemme hautajaiset.

Kumpi meistä suree kumpaa,
kun toinen hautautuu toisen
tulevaisuuteen ja unohdukseen,
viimeiseen myrskyävään
elämän aavaan,
joka heittää rakkautemme
mereen.

Miten pärjäät,
oletko elossakaan.
Nouseeko luurankosi syksyn
lakastuvien lehtien joukkoon
huutamaan:
Tule rakas, tule takas.
Ennen kuin vieras ja
viekas seura tappaa.
Ehtiikö enkelisi enää
ajoissakaan,

kun sinut virran
vietäväksi jätti.

Rakas.
Tulen, tulen vauhdilla.
En anna sinun
rakkauden mukana
hukkua.

Jäähyväiset

Lauloi lintu,
kulki kuu.
Koitti aamu,
hymyili suu.
Saapui ilta,
sammui taivas.
Sillan alla
viimeinen laiva.

Kostui silmä,
meri kuohui.
Jäi satama taakse,
kun ankkuristaan
luopui.
Jo päättyi aika,
ympärillä saaret.
Vastassa monta
karia elämänkaaren.

Viimeinen matka
luopumistaan huokaa.
Merten kivillä hautausmaa

kestäneen lemmen ainiaan.

On tullut aika hyvästit heittää,
ei lempeä suurta unohdus
voi peittää.
Lemmen henki elää
viimeisessä laivassa,
ei totuutta voi vesittää
puolison kuolema.

Ei aidon lemmen leski
ken ole koskaan,
yhdentyneet sielut eivät
yksin tule kuolemaan.
Ei merillä myrskyisillä,
ei teillä kivisillä.
Vain ihmisen mieli
myrskyissä pettää,
se ihmisen mieli,
joka tuottaa kyynelettä.

Kuiske ylle kaipauksen

Katselin vierain silmin
jotakin tuttua.
Hiljaa kuiskaten
kysyin nimeä.
Sinä minun vierelläin
meren äärellä.

Tuskin tunsimme,
tunsimme kuitenkin.
Lähekkäin kesän kuljimme
pitkin Pikisaaren siltaa,
monta iltaa.

Kaipuun huuto tuntemattomaan
sisimmässäni raikaa.
Jäljellä haikea muisto vain,
kuinka ehti väliimme elämä.
Emme enää kulje
rinnakkain.

Kuin kahden yksinäisen
peilikuvat,

heijastumme merellä.
Välissämme aurinko ja
monta planeettojen matkaa.
Soi sisimmässäni huuto
luoksesi tuntemattomaan
muistaen yhteistä aikaa.

Eivät askeleesi kulkeneet,
eivät tuoksusi tuulleet
luokseni ainiaan.
Ikkunasta ei näy tuttua kulkijaa,
ei kuulu ovikellon soittoa.

Kaduilla kulkiessa
luulen tunnistavani sinut.
Et ole missään ja silti
olet kaikkialla.
Sinä kuljet minussa mukana
Pikisaaren sillalla.

Meri vie ääneni ja huutoni
hukkuu tyrskyihin
kuin kadotimme toisemme

elämän myrskyihin.
Jää aavoille kellumaan
kaipuun sanat sielun itkuisen.
Kuiskeeni ylle kaipauksen.

Kunnes kuulit

En voinut sanoittaa sinulle,
miltä tuntuu epävarmuus,
kohdataanko enää ja onko jo
huominen se päivä,
kun käännyn rantatieltä pois
toisen kainalossa.

En halunnut tunteitasi.

En uskaltanut.
En halunnut olla se roisto,
joka veisi lempeytesi.
Halusin kulkea turvallisesti
ja rauhassa.
Halusin jokaisesta
kohtaamisestamme mukavan,
joten olin hiljaa.

Kunnes kuulit.

Se sattui sinua,
kun kuulit.

Ulkona olit
ihan ulkona.
Kaikesta.

Juhlat

On kaksi tyhjää paikkaa:
toinen vainaan,
toinen tuntematon.
On rankaisusi ankarin,
kun katosit.
Juhlin yksin väärässä
seurassa.
Paikkasi on tuntematon ja
minä olen lohduton.
Vierelläni olisi paikka
sinullekin,
mutta olet tuntematon ja
minä vainaa.
Aaveet juhlivat
tyhjillä paikoillaan.
Ne huutavat toistensa perään
piiloistaan.

Kaipaus

Oi, missä sinä olet,
kuiskaa sydämeni ääni,
jok auringon laskiessa
iltalepoon
syliini painoi pääsi.

Täällä yhä olen.
Kaipaan tukahdettua tulta.
Miksi annoimme
herkkyytemme suojaksi
kovuuden rakkaudessa,
joka ei katoa kuin
vaurastuneen
timantit, hopea ja kulta.

Oi kuiskausteni ääni,
kaipaatko yhtä kipeästi
koskettavan virtaa ja
menneisyyttä,
joka yhä meidät lähentää?
Kaipaatko menneisyyttä,

jonne jäi voimasi
painaa syliini pääsi?

Oi kuiskausteni ääni,
yhä hiljaa sinua kuuntelen
sydämeni kipeä kaipaus,
jossa kuvajaistasi
kyynelsilmin suutelen.

Oi kuiskausteni ääni,
kaipauksessani
nukahdat viereeni
minua lämmittämään ja
emme ole yksin.
Olet paikkani
ennen kuin kadotaan.
Olet majakka,
joka pitää maailman
samana.
Kulkusi on kello,
josta voin tarkistaa
ajan.

Kuiskausteni ääni,

olet kuin höyhenpöly.
Silmiltäni kadoksissa,
mutta sydämessäni
lepää pääsi.

Vapaat taiteilijat

Miksi piirsit
keholleni ääriviivasi.
Miksi sävelsit
äänelleni melodiasi.
Miksi rytmitit
sydämeni tahtiisi.
Miksi rumpupalikoillasi
marssitit minua kulkemaan
omia polkujasi.
Miksi peitit silmiltäni maiseman
unelmiesi verholla.

Vaikka olin vapaa kulkemaan,
jäin esitystäsi katsomaan.
Lupauksesi muuttui muistoiksi
ja haaveiksi.
Olet vapaa kulkemaan,
mutta olet kahleeni,
joka pitää minua
paikallaan.

Hiillos

Kasvoton

Ihminen, joka on luopunut
kasvoistaan.

Kosii naamion takaa.

Ei halua jakaa omastaan.

Avioliittomies

Esitit normia
norminäytelmässä.
Olit aina sinkku vaan,
kun yksi vaimoista viikkasi
paitasi kotona.

Sait valloitetun tuntemaan
sinut herraksi tulevan perheen.
Sait naisen tuntemaan luissa
ja ytimissä sinun erheen,
kun tulit kaapista esittämään
normia.

Vastakkain yksinäisyys ja hallittu.

Sait enemmän naisia,
joita murskata luurangoilla
särkyvän unelman mukana,
kun et uskaltanut haavoittua.
Jäädä ilman hylkiönä,
joka rikkoo normia.

Kun kaltainen lähtee,
se on isku sydämeen.
Sinusta tuli avioliittomies,
ettei vapaus sysäisi
yksinäisyyteen.

Milloin esirippu laskeutuu
ja rinnalla kulkeekin
totuus
muille paljaana
haavoittuen.

Uskottu

Olen uskomattomasti
uskoton uskomaton
uskottusi,

joka aivan uskomattomasti
uskoutuu
siveydestään.

Niin höyhenenkeveää
kilometrikulkua,
että ainoa
taukopaikka

on jokainen uskottu.

Kahlitsemattomat

Me aistilliset lennämme
askeleemme.
Ei meitä voi kahlita
sosiaaliseen normiin
sormuksilla.
Olemme kuin taivaan
tähdet:
Liikumme, kun sinä
jäät tai lähdet.
Syyllistymme,
kun viemme mukanamme
luottamuksen pysyvyyteen
ja unelman omasta.
Aina askel kiiruhtaa
pois kodista.
Ain tilallesi löytyy
joku muu
jo ennen kuin sydämesi
kulkurista haavoittuu.
Ennen kuin unelmasi
meistä murskaantuu,
suru ja luopuminen

vaihtoi sydämen asukkaan.
Ennen kuin ehdit
aavistamaan,
kahlitsematon jatkoi
kulkuaan.
Maailmassa olikin he ja ne,
kaikki muut kuin me.
Olisi pitänyt osata
kahlitsematta pitää omansa.

Paratiisissa syntisten

Peli ja vauhti
päättyi parkuun.
Juuri kun tahdittomuus lakkasi,
rikkoi rauhan kutina
rinnassa uudestaan.
Taas katsellaan,
taas vilkuillaan.
Vaikka se päättyykin parkuun,
kun ei ihmisrukka
sieluaan pääse karkuun.
Onko mikään kohtuus,
kun leikistä jää yksinäisyys,
lohduttomuus.
Silmät kastuvat ja rintaa puristaa.
Kun ei ole sielulla vartijaa,
eikä aikuisella lapsenvahtia
pitämässä kurittomuuksia
aisoissa.

Sielu kivusta huutaa,
jos sieluun tyhjyys jää.
Ei aistillisuus täytä
hengenelämää.
Janoan lisää,
koska en osaa olla
ilman kipinää.
Jännitystä kaipaan kulkijana
maanpäällisen taivaan.
Emme ole yksin emmekä kaksin
keskellä levottomien
elävien.
Olemme lohduttomien ja
rauhattomien sielujen verkko.
Toistemme katseet
punovat lyhteet yhteen
paratiisissa syntisten.

Eronnut

En ole juonut kulaustakaan
shampanjaa kuten nyyhkydraamoissa
yksin jäänyt tarttuu lasiin.
Rotusorrosta kirjoitettiin kirjassa.
Muistan ajatelleeni asiaa ja
huolestuneeni paljosta muustakin.
Muistan nähneeni kukan,
joka on kasvanut mittaansa
melkein yhtä nopeasti kuin minä.
Minä aukaisin terälehteni liian
aikaisin.
Olin jo nähnyt eron ennen kuin
ehdin naimisiin.

Pihalla kulkee muurahainen ja
ahertaa. Kuinka hitaasti se kulkee,
mutta paljon ahertaa.
Olenko minä, eronnut, samanlainen
raataja?
Askeleeni eivät vie mihinkään,
mutta sydämeni takoo paljon puhtia
pitääkseen minua hengissä,

rakentaakseen sisimpääni
ohitusväylän muistoille,
etten menehtyisi poisjätettyyn.

Askeleeni ovat hitaita kuin
muurahaiset,
mutta sydämeni ahertaa ja ahertaa.
Verenkiertoni pakottaa minut
astumaan raskaatkin askeleet
luokse aidon elämänrakkauden:
Huomiseen,
luokse tulevaisuuden.

Vastauksia etsimässä

Vuosi hurjan nopeasti mennyt on.
Pöydällä kynttilän liekki levoton.
Rauhan aika koittaa.
Ihmiset istuvat hiljaa miettien
toisiaan.
Tänäkin jouluna istahdan
kuin traditionorja kirkonpenkkiin
kylmettyneen.

Tunnen oloni vieraaksi.
Täällä en ole elänyt hetkeäkään.
Kuten pakanat käyvät
kirkossa suremassa läheisiään.
Minäkin tänään.
Vaikka tulisi Neitsyt Mariaa
lapsestaan kiittää,
en ilakoi mitään.
Minä lapseton.

Olen elänyt joulupäiväni
uneksien.
Saisinpa ratsastaa vuosia

harteillasi ja
ne jaksaisivat kantaa.
Päivissä harteesi eivät kuitenkaan
jaksaneet edes itseäsi kantaa.

Mitä vierelläsi nojapuuna teen.
Voin kanssasi vielä kulkea
kuvitellen ja mielessäni sinulta kysyn:
Miksi yhdessä kuljimme
pimeään,
miksi sinä lähdet ja minä jään?
Miten voin löytää vastauksia
elämästä,
kun unelmissani vastaukset
ovat kanssasi,
nyt ja tässä.

Ikisinkku

Vapaa sielu tanssii
itsekseen.
Sormustamatta ja
lisääntymiskypsymättä.
Ei ymmärrä
elontehtäväänsä oikein.
Muista erossa.

Elämänpelissä vapaalle sielulle
rakkaus on löytymätön määränpää
sielun kaivatessa säpinää.
Kutinaa vatsanpohjaan,
tuntemusten värinää,
elämänkeinuntaa ja vallattomuutta.
Ohikiitäviä hetkiä ja kohtaamisia
vauhdikkaan matkan varrella.
Sydän välillä palaen,
kun valloittajien liekit
yrittää hurmoksessaan
vapaan sielun korventaa.

Ihmiset ovat tienviittoja,
jotka ohjaavat kääntymään pois.
Omalle tielle opastettuina
vapaat sielut kohtaavat ja jatkavat
omillaan.
Vapaa sielu jäädyttää ne,
jotka jää lisääntymään.
Merkitsemään sukunsa kantajan.
Omimaan ja kahlitsemaan
kahlitsemattoman.

Sieluni osoiteltava ja kummeksuttu
tai vaieten sivuutettu.
Olenko kaapissa vai kaapiton,
määritelmää vailla.
Sieluani en halua jakaa.
Sieluni on koskematon ja
saavuttamaton:
Yksinäinen kulkija.
Muista vapaa.

Kehorauha

Vauhtisokeus pysäyttää
päin seinää.
Ei ole ketään.
On ylitetty houkutusten siltoja
horjumatta,
houkuttumatta.
On kutsuttu kärsivällisyyttä
hymyilemään,
kun olivat miesten kesken puhuneet,
jos pitkän tukan kasvattaisin.
Kuulemma sitä olisi
mukavampi katsella.
Hiusten hulmutusta.

Kun vauhtisokeus
viskaa liikkeen hurman
päin seinää,
houkuttamaton yksin jää.
On oltu katseen kohteena.
On kuultu, miten laivanhytissä
oppisi tuntemaan toisen
pelikunnossa.

Kun vauhti pysähtyy,
mitä jäljelle jää:
raastava väsymys ja
ei ole ketään.
Vain katseita, himoja ja toisten
tarpeita.
Ne väsyttävät, itkettävät.
Sielu huutaa:
eikö kukaan muista minua,
vain vartalon?
Kehollisen rauhan turvasatamassa
katseilta piilossa sielu kaipaa
merkityksillä koskettamaan.

Olen saanut tarpeeksi.
Ruumiini ei anna anteeksi,
kun se huutaa ja pauhaa,
anoo rauhaa.
Katseet ja vonkaukset on liikaa,
antakaa naisen olla
nainen vaan
vailla huomiota.

Olen nainen,

en petileikkien objekti ja
leikkikalu,
kun miestä riivaa
täyttymätön halu.

Haavoitettu enkeli

Silmin sokaistuvin
makaa yksin rantamailla
ihmisen varjo
haurastuvin luin
itseään vailla.

Verta tihkuva iho
on palvellut janoa
kuin punainen mesi
lähteellä,
josta eläväinen imee
viimeistä hetkeä

lyhyen elämän polttaessa
iholle kuolemaa,
jossa häntä kohdellaan
kuin langenneita enkeleitä,
jotka kuolevat tikarin
pistoon.

Haavoitettu makaa yksin
nurmella

niittyleinikkien keskellä
ilman itseään.

Mieli on lentänyt tuulen tuolle
puolen
katsomaan ystävällisten ihmisten
hymyileviä kasvoja,
ettei uupuisi.

Haluan pois

Haluan pois maailmasta,
jossa ihmiset ovat kuin
mainoskuvia.
Katseiden kohteita.
Ohilipuvaa huvia.
Hetken kosketuksia ja katseita.
Aistillisia nautintoja.
Kuvattavia ja kuvattuja.

Haluan pois nimettömien ihmisten
maailmasta,
jossa kadotaan nimimerkin mukana.
Haluan tilalle toisen kasvot,
joita saa jäädä katsomaan ja
jotka katsovat takaisin uudestaan.

Haluan tuntea ihollani ihmisen.
Haluan pysäyttää jatkuvan liikkeen
ihmisen viereen, jäädä siihen,
unohtaa ajan ja kaiken muun.
Haluan pysäyttää maailman
ihmisen lämpöön.

Haluan tunnustaa toisen ja haluan
toisen tunnustuksen,
ihmisille ihmisyyden:
Pois katoavaisen kehollisuuden
maailmasta.

Suljen näyttöpäätteen ja
lähden ulos
ihmistä kohti.
Kun annan unelmakuvien
maailman pois,
on tilaa uudelle.
On paikka Sinulle.

Kiihko

Kiihkoni on kauneus.
Kiihkoni on palava
nuotiossa roihuava liekkimeri.

Minua polttava kiihkontuli
kipinöi vereen.
Savu on syöksevä ivaa, ironiaa,
riivaa.
Savu saavuttaen lopullisuuden,
kadottaen kauneuden
palaville hiilille.

Nokea, sysimustaa nokea sylkien
kauneus on muuttunut
harmaaksi tuhkaksi.
Katselen itseäni:
haurastuvia hiiliä,
haurastuvaa aikaa.

Olen kuorittu veres ja liha.
Katoava oli sieluni

haurauden pölyksi,
tuhkaksi tuulen.
Tuli noitui pois
riivan ja vihan.

Uusi kulovalkea minua taas odottaa.
Etsien vain saattajaa.

Katoavainen

Kun on tehnyt kuolinsiivouksen,
peittää elämisensä virheen
järjestykseen
kuin kaikki olisi ollut
kontrollissa ja kauniisti.

Kun on kuvittanut
oman hautakiven ja
testamentannut runot:
henkisen pääoman ja
mielikuvituksen,
on valmis lähtemään
metsälampeen kätkettyyn
löytymättömään
syyspimeällä aikaan
jälkiä peittävään.

Apatia on kärsimätön
odottamaan.
Kun haluaa kadota,
elämä on ajan mittaamista ja

kalenterin tutkimista.
Paleleeko lokakuussa ja
voiko kävellä avojaloin
lammen rannalla.
Nostaako kylmä pintaan.
Ajaako pakkanen rantautumaan,
miten kulkea huomaamatta.

Aivan kuin veisi oman elämänsä
pois niiltä,
jotka sitä hallitsevat.

Yksinäisyys

Ei neitonen osaa itkeä,
ei kyynelehtiä.
On tottunut tunteensa patoamaan,
puhumaan korukielin
toisten sanoja.
Vaikenemaan omia tarpeita.
Kunpa oppisi vielä joskus
laulamaan
sielu sievin
rakkauden mielin
itselleen seuraa.

Vaan jo sielun täyttää
levottoman laulu,
tuskan laulu surullinen:
Apea sävel sotaan
joutuneen orvon yksinäisen.
Sävelmä kertoen elämästä
kuolemassa ja kuolemasta elämässä.
Sävel soiden lävitse
ihmismielen hämärän.

Muiden keskellä
erillisyyden tunne kasvaa.
Ei ole toisen luona kotia.
Orpo sielunpuolikastaan
halajaa
olemassaoloaan tunnustamaan.
Ettei olisi yhdentekevää,
onko elossa vai kuollut.

Kuuleeko kukaan tätä virttä
vaiko vain Jumala taivaassa
kuulee yksin rukoilevan.
Näkeekö kukaan
yksinäisen kyyneleitä.
Voiko olla olemassa,
ettei sitä huomaa
kukaan.
Montako vuotta voi
elää osattomana
pitkässä odotuksessa
pääsemättä mukaan.

On orvon sota
kuolemaa vastaan
hiljaista ja yksinäistä,
kun muille vieras ja näkymätön
etsii rakkauttaan
elämästä.

Elämä

Luottamusta silmien
ei korvaa kertomukset
luulevien.
Niissä vääryyden tarina
tosi,
voi olla epäonnen
kohtalosi.

Elämäsi runossa on liian
lyhyt riimi,
jos elämänrakkauden korvaa
hetken hurma sekä viini.

Saavutettua voi murehtia
ja elämänkuiluja katua,
mutta tulevasta ei voi tietää.
Ei voi ennustaa elämänkulkua,
tulevan tuulen viemää.